BEI GRIN MACHT SICH IHR WISSEN BEZAHLT

Funktionen von Arbeit, Storytelling und Argumentation in Präsentationen, Prokrastination

Bibliografische Information der Deutschen Nationalbibliothek:

Die Deutsche Nationalbibliothek verzeichnet diese Publikation in der Deutschen Nationalbibliografie; detaillierte bibliografische Daten sind im Internet über http://dnb.d-nb.de abrufbar.

ISBN: 9783346670779
Dieses Buch ist auch als E-Book erhältlich.

Einsendeaufgaben

Modul Selbstmanagement – Alternative B:

Funktionen von Arbeit, Storytelling und Argumentation in Präsentationen, Prokrastination

abgegeben am 29. Oktober 2021 im E-Campus

SRH Fernhochschule

Modul: Selbstmanagement

Studiengang: Wirtschaftsinformatik (B.Sc.)

Inhaltsverzeichnis

1 Funktionen von Arbeit und Selbstmanagement

Arbeit, allen voran die Erwerbstätigkeit im Sinne der beruflichen Tätigkeit zur Finanzierung des Lebensunterhalts, nimmt einen zentralen Stellenwert im Leben der meisten Menschen ein (Blickle, 2019, S. 210). Dabei steht zunächst der finanzielle Aspekt des Geldverdienens im Vordergrund. Dass Arbeit darüber hinaus weitere wichtige Funktionen für den Menschen erfüllt, beschrieb bereits Jahoda (1981, S. 188–189). Demnach gibt es neben der manifesten Funktion, mit Arbeit seinen Lebensunterhalt zu verdienen, weitere latente Funktionen der Arbeit: Zeitstruktur, soziale Kontakte, Teilhabe an kollektiven Zielen, Status und Identität sowie regelmäßige Aktivität.

Soziale Funktionen der Arbeit

Die berufliche Tätigkeit, die eine Person ausübt, ist unmittelbar mit ihrer persönlichen Identität verbunden. Bereits bei der Berufswahl entscheiden sich Menschen für einen Beruf, der die eigene Vorstellung von sich selbst bestmöglich widerspiegelt. Gleichzeitig wird dadurch die soziale Rolle verwirklicht, die ein Individuum einnehmen möchte und die es für sich angemessen erachtet. Der ausgeübte Beruf definiert somit wesentlich den sozialen Status der Person (Blickle, 2019, S. 211). Die freie Berufswahl stellt allerdings in gewisser Weise auch heute noch eine Idealvorstellung dar. Denn der gewählte Beruf wird von zahlreichen Faktoren determiniert. Häufig spielen hierbei die familiären Verhältnisse eine entscheidende Rolle. Je nach Erziehungsverhalten, sozialem Stand und finanziellen Möglichkeiten der Eltern, wird Kindern bereits früh eine Schullaufbahn vorgegeben, die ihnen später mehr oder weniger weitreichende berufliche Möglichkeiten eröffnet (Blickle, 2019, S. 213). Die individuelle berufliche Identität bildet bzw. festigt sich dabei jedoch immer erst durch jahrelange Sozialisation. Diese reicht von der Schule über Ausbildung bzw. Studium bis in die berufliche Tätigkeit hinein (Schermuly, 2019, S. 20).

„Der Arbeitsplatz ist auch ein Ort, an dem Menschen nach sozialen Kontakten, nach Zugehörigkeit und nicht selten nach Freundschaft suchen." (Nerdinger, 2019, S. 65). Soziale Kontakte am Arbeitsplatz ermöglichen einen wichtigen

4

Austausch mit anderen Menschen außerhalb der eigenen Familie (Blickle, 2019, S. 212). Fehlen diese, wird dies vom Individuum als äußerst belastend empfunden (Nerdinger, 2019, S. 65). Das Bedürfnis nach Zugehörigkeit ist mitunter so groß, dass Erwerbstätige aus Rücksichtnahme auf Kollegen trotz Krankheit zur Arbeit erscheinen, um diese nicht im Stich zu lassen (Lohaus & Habermann, 2018, S. 33). Es handelt sich hierbei um das Phänomen des Präsentismus, wonach Menschen trotz Krankheit bzw. gesundheitlicher Beeinträchtigen physischer oder psychischer Art zur Arbeit gehen (Lohaus & Habermann, 2018, S. 11).

Wie wichtig der soziale Aspekt von Arbeit ist, zeigt sich auch an der Bedeutung, die die Teilhabe an kollektiven Zielen für ein Individuum hat. Die Erwerbstätigkeit leistet demnach einen Beitrag zur persönlichen Sinnstiftung, indem sie zum Erreichen von Zielen beiträgt, die über die arbeitende Person selbst hinausgehen (Blickle, 2019, S. 212). Wenn beispielsweise eine Nachhilfelehrerin einem Schüler nicht verstandene Lehrinhalte so erklären kann, dass dieser sie versteht und bei der nächsten Klausur besser abschneidet, so verleiht das ihrer Arbeit einen Sinn. Die Nachhilfelehrerin empfindet ihre Arbeit als sinnvoll, weil sie dem Schüler dadurch Zukunftschancen eröffnet, die er ohne entsprechende schulische Leistungen nicht hätte.

Besonders deutlich wird die soziale Funktion von Arbeit wenn man die sozialen Auswirkungen von Arbeitslosigkeit untersucht. Demnach hat Arbeitslosigkeit nicht nur negative Auswirkungen auf die betroffene Person selbst, sondern auch auf ihr Umfeld, allen voran die Familie. Mitunter sinkt die Zufriedenheit des Lebenspartners mit der Beziehung, innerfamiliäre Konflikte häufen sich und Kinder zeigen schlechtere schulische Leistungen (Paul & Moser, 2015, S. 273).

Psychologische Funktionen der Arbeit

Auch wenn die eigene Arbeit von vielen Menschen als belastend erlebt wird, haben die eingangs genannten latenten Funktionen der Arbeit im Allgemeinen einen positiven Einfluss auf das psychische Wohlbefinden der Betroffenen (Blickle, 2019, S. 211). Dies konnten auch Paul und Batinic (2010) beim Vergleich von erwerbstätigen und arbeitslosen Personen zeigen. Sie führten hierzu eine Studie an einer repräsentativen Stichprobe der deutschen Bevölkerung durch. Das Ergebnis zeigt hinsichtlich jeder einzelnen latenten Funktion von Arbeit ein signifikant höheres psychisches Wohlbefinden bei den Erwerbstätigen als bei den Arbeitslosen (Paul & Batinic, 2010, S. 56–58). Zu einem ähnlichen Ergebnis kamen Scheve, Esche und Schupp (2017). In einer auf Daten des deutschen sozio-ökonomischen Panels basierenden Studie konnten sie zeigen, dass Arbeitslosigkeit zu einer signifikanten Abnahme der Lebenszufriedenheit führt (Scheve et al., 2017, S. 1245).

Eine stabilisierende und damit positive Wirkung auf das Individuum ergibt sich durch die zeitliche Struktur, die die Arbeit vorgibt. Die Arbeit gliedert sowohl den Tag als auch die Woche und das Jahr in Arbeits- und arbeitsfreie Zeit. Freizeit erhält ihre Bedeutung folglich erst durch Arbeit. Gäbe es keine Arbeit, gäbe es auch keine Freizeit in dem Sinne, wie sie heutzutage häufig im Gegensatz zu Arbeit verstanden wird (Blickle, 2019, S. 212; Schermuly, 2019, S. 19).

Ähnlich wie die Struktur wirkt sich auch die Aktivität, die Arbeit immanent ist, positiv auf den Menschen aus. Arbeit zwingt Menschen zu regelmäßiger Aktivität und verhindert so, dass Erwerbstätige in eine Lethargie verfallen, die sich potentiell nachteilig auf ihre psychische Gesundheit auswirkt (Blickle, 2019, S. 212; Paul & Moser, 2015, S. 271). Aktivität bezieht sich dabei neben der reinen Ausübung einer Tätigkeit auch auf das Potential, sich durch die Arbeit weiter-zuentwickeln (Schermuly, 2019, S. 19).

In diesem Zusammenhang hinterfragen Erwerbstätige immer häufiger den Sinn ihrer Arbeit (Hardering, Will-Zocholl & Hofmeister, 2016, S. 3). Dabei geht es neben der Nützlichkeit in erster Linie um die subjektive Bedeutsamkeit der Arbeit (Hardering et al., 2016, S. 7). Menschen arbeiten nicht mehr nur für ein möglichst hohes Einkommen, sondern um sich in gewissem Maße selbst zu verwirklichen. Die Arbeit muss zum persönlichen Lebensentwurf eines Individuums passen und mit dessen persönlichen Werten übereinstimmen, um als sinnvoll erlebt zu werden (Rump & Eilers, 2017a, S. 19; Schermuly, 2019, S. 64). Genau darauf zielt auch das durch den Sozialphilosophen Frithjof Bergmann geprägte Konzept

New Work ab. Menschen sollten demnach die Möglichkeit haben, sich bewusst eine Arbeit auszuwählen, die sie als sinnstiftend erachten und die ihren eigenen Überzeugungen entspricht (Rump & Eilers, 2017b, S. 188). Die wahrgenommene Sinnhaftigkeit der eigenen Arbeit ist dabei keinesfalls nur Selbstzweck, sondern hat ebenso Einfluss auf die Gesundheit der Erwerbstätigen (Rump & Eilers, 2017b, S. 198). Höge und Schnell (2012, S. 95–96) finden in ihrer Studie sogar einen positiven Zusammenhang zwischen Sinnerfüllung und Arbeitsengagement.

Demgegenüber führen die zunehmende Globalisierung und Digitalisierung der Arbeitswelt zu vermehrten Stresssituation, die sich wiederum negativ auf die psychische und körperliche Gesundheit der Arbeitenden auswirken können. So führt die zunehmend geforderte ständige Erreichbarkeit zu vermehrtem Stress, stärkerer Erschöpfung aufgrund nicht ausreichender Erholung, einem höheren Depressionsrisiko, aber auch körperlichen Beschwerden wie Rückenschmerzen oder Tinnitus (Pangert, Pauls & Schüpbach, 2016, S. 38; Strobel, 2019, S. 32). Pangert et al. (2016, S. 38) berichten darüber hinaus von einer Beeinträchtigung des Privatlebens durch die arbeitsbezogene Erreichbarkeit außerhalb der Arbeitszeit.

Zusammenhänge zum Selbstmanagement

Um in der heutigen Arbeitswelt bestehen zu können, sind lebenslanges Lernen und ständiges Anpassen an die veränderten Umwelten elementar (Schermuly, 2019, S. 35). Aktivität als Funktion von Arbeit bedeutet nicht mehr nur Aktivität im Sinne des Arbeitens als Erwerbstätigkeit, sondern auch Aktivität im Sinne der stetigen Weiterentwicklung und Weiterbildung (Rump & Eilers, 2017a, S. 53). Gleichzeitig verändern sich die Ansprüche der Menschen. Insbesondere die Vereinbarkeit von Beruf und Familie, die Kompatibilität mit Freizeitaktivitäten und der Anspruch auf Selbstverwirklichung werden für den Einzelnen immer wichtiger (Rump & Eilers, 2017b, S. 190). Eine ausgeglichene Work-Life-Balance, d.h. ein individuell zufriedenstellendes Gleichgewicht zwischen Arbeits- und Privatleben, wird zu einer zentralen Forderung der jüngeren Generation (Rump & Eilers, 2017b, S. 193–194).

Um mit den steigenden Anforderungen zurecht zu kommen, ist Selbstmanagement ein wirksames Mittel. Es kann dazu genutzt werden, Belastungen zu erkennen, gesteckte Ziele zu erreichen und eine Balance zwischen den verschiedenen Lebensbereichen herzustellen. Dabei wird Selbstmanagement als eine von der Person selbst angestrebte Verhaltensänderung verstanden. Voraussetzungen hierfür sind die Freiheit, das eigene Verhalten ändern zu können, und der Wille, es auch tatsächlich zu tun (Arenberg, 2018, S. 28–32).

Viel diskutierte und zunehmend verbreitete Möglichkeiten, die Work-Life-Balance zu erhöhen, sind Maßnahmen zur individuellen Gestaltung von Arbeitsort und Arbeitszeit. So zählen flexible Arbeitszeiten, Home-Office und Teilzeitarbeit zu den am weit verbreitetsten Maßnahmen von Arbeitgebern, ihren Mitarbeitern eine bessere Vereinbarkeit von Beruf und Familie bzw. Privatleben zu ermöglichen (Wiese, 2015, S. 238). Gleichzeitig kommt eine erhöhte Arbeitszeit- und Arbeitsortautonomie dem Wunsch der Arbeitnehmer nach mehr Selbstbestimmung entgegen (Schermuly, 2019, S. 122–126). Bei sehr hoher zeitlicher Flexibilisierung oder wenn Flexibilität ausschließlich vom Arbeitgeber gefordert wird, kann sich der positive Effekt allerdings in einen negativen verwandeln, da die Abgrenzung der Lebensbereiche immer schwerer wird (Wiese, 2015, S. 239).

Ist die Freiheit zur Änderung des eigenen Verhaltens gegeben, muss zusätzlich ausreichend Motivation zur tatsächlichen Verhaltensänderung aufgebracht werden (Arenberg, 2018, S. 32). Motivation wiederum kann nur durch adäquate Ziele entstehen (Graf, 2012, S. 188). Diesen kommt aufgrund ihrer handlungsregulierenden Funktion eine zentrale Bedeutung im Rahmen des Selbstmanagements zu. Wichtig ist dabei, dass die gesteckten Ziele mit den eigenen Werten, Bedürfnissen und Kompetenzen übereinstimmen (Brandstätter, Schüler, Puca & Lozo, 2018, S. 136; Graf, 2018, S. 262). Dies bestätigen auch Koestner, Lekes, Powers und Chicoine (2002, S. 240), die in ihrer Meta-Analyse signifikant positive Effekte einer hohen Identifikation mit dem Ziel auf die Zielerreichung fanden.

Zur Zielfindung hat sich in der Berufspraxis die sogenannte S.M.A.R.T.-Formel, die von den Arbeitspsychologen Edwin A. Locke und Gary P. Latham entwickelt wurde, etabliert. Demnach sollten Ziele spezifisch, messbar, attraktiv und damit motivierend, realistisch sowie zeitlich terminiert sein, um zum Erfolg zu führen (Storch, 2011, S. 185–186). Bei sehr komplexen oder abstrakten Zielen empfiehlt sich eine Untergliederung in mehrere Teilziele mit konkreten Handlungsschritten. Am Beispiel eines Studierenden wäre das übergeordnete Ziel, das Studium abzuschließen, das Subziel, eine Hausarbeit zu schreiben und der erste Handlungsschritt, passende Literatur zu recherchieren (Brandstätter et al., 2018, S. 130). Wie wichtig es ist, sich realistische Ziele zu setzen, betont auch Graf (2012, S. 195). Demnach wirken sich zu hoch gesteckte genauso wie nicht erreichte Ziele negativ auf die psychische Gesundheit einer Person aus.

Um die gesetzten Ziele erfolgreich umsetzen zu können, ist eine gute Selbstbeobachtung essentiell. Denn nur wenn Menschen sich ihr Verhalten bewusst vor Augen führen, kann dieses aktiv gesteuert werden. Durch gedankliche Selbstbeobachtung kann die Aufmerksamkeit auch bei ablenkenden äußeren Reizen erfolgreich zurück auf das gesetzte Handlungsziel gelenkt und das Verhalten somit bewusst gesteuert werden. Dieses Gefühl der Kontrolle über das eigene Verhalten stärkt beim Individuum das Vertrauen, das eigene Verhalten ändern zu können, was wiederum dazu führt, dass problematische Verhaltensmuster leichter durchbrochen werden können (Kanfer, Reinecker & Schmelzer, 2012, S. 366–367). Erfolgreiches Selbstmanagement wird so möglich.

2 Storytelling und Argumentation in Präsentationen

Eine Präsentation dient dazu, eine ausgewählte Zielgruppe über bestimmte Inhalte zu informieren und von diesen zu überzeugen. Zentrales Kennzeichen ist dabei die visuelle Unterstützung der inhaltlichen Ausführungen (Hartmann, Funk & Nietmann, 2018, S. 11). Doch eine Präsentation ist weit mehr als die Erstellung von PowerPoint-Folien. Es geht um die Vermittlung von Inhalten und die Kommunikation mit den Zuhörern (Schulenburg, 2018, S. 2). Storytelling und Argumentationstechniken stellen in diesem Zusammenhang wichtige Techniken dar, um die Zuhörer mit der Präsentation zu überzeugen (Arenberg, 2015, S. 106).

Storytelling

Storytelling bedeutet wörtlich übersetzt nichts anderes als Geschichten erzählen. Und „Geschichten sind der Schlüssel zu einer gelungen[en] Kommunikation, denn sie transportieren mehr als nur Fakten." (Adamczyk, 2019, S. 6). Informationen, die in einer Geschichte verpackt sind, bleiben trotz des Informationsüberflusses, dem Menschen tagtäglich ausgesetzt sind, im Gedächtnis (Sammer, 2017, S. 11).

Storytelling im wörtlichen Sinn ist dabei nichts Neues. Denn seit jeher werden Informationen durch das Erzählen von Geschichten weitergegeben, sei es durch Zeichnungen, mündliche Überlieferungen oder schriftliche Aufzeichnungen (Fordon, 2018, S. 19).

Geschichten ermöglichen es, komplexe Sachverhalte anschaulich und für den Zuhörer nachvollziehbar zu vermitteln. Einen wesentlichen Anteil daran haben Emotionen (Thier, 2017, S. 3). Denn beim Storytelling geht es nicht nur darum, sachliche Informationen zu vermitteln, sondern eine emotionale Reaktion beim Rezipienten auszulösen, die durch dessen Identifikation mit den Protagonisten oder der Handlung selbst entsteht (Adamczyk, 2019, S. 21). Die zentrale Aufgabe von Storytelling ist demnach, „Geschichten so zu konstruieren, dass sie Emotionen erzeugen und damit den Nährboden für gute Informationsaufnahme und -speicherung bilden." (Schulenburg, 2018, S. 271). Entscheidend dafür sind die mit der Geschichte vermittelten Bilder, durch die der Erzähler die ausgelösten Emotionen bis zu einem gewissen Maß steuern kann (Schulenburg, 2018, S. 282). Außerdem muss der Präsentator durch seine Körpersprache die Emotionen, die beim Zuhörer durch eine Geschichte hervorgerufen werden sollen, sichtbar machen, damit diese ihre gewünschte Wirkung erreichen. Denn nur durch die Empathie der Zuhörer wirken Emotionen und damit die Geschichte nachhaltig (Schulenburg, 2018, S. 279).

Storytelling funktioniert deshalb so gut, weil das menschliche Gehirn Informationen ebenfalls in Geschichten verarbeitet (Fordon, 2018, S. 35). „Unser Gehirn ist ein Storyteller, es verarbeitet Informationen narrativ. So ist es auch erklärbar, dass die menschliche Art geradezu süchtig nach Geschichten ist." (Fordon, 2018, S. 38). Das narrative Gedächtnis ist es auch, das Erlebnisse emotional einordnet, während das analytische Gedächtnis für rationale Aufgaben wie Planen und Argumentieren zuständig ist (Adamczyk, 2019, S. 15). Es verwundert daher nicht, dass Werbung und Marketing besonders gut durch das Erzählen von Geschichten funktionieren. Eine bloße Aufzählung von Daten und Fakten ist weitaus weniger wirkungsvoll als eine Überzeugung auf emotionaler Ebene, wie sie durch das Erzählen einer Geschichte realisiert wird (Fordon, 2018, S. 42; Sammer, 2017, S. 6). Denn Emotionen spielen eine zentrale Rolle bei der Informationsverarbeitung. Sie erleichtern dem Gehirn das Speichern und Erinnern von Informationen. Dadurch lassen sich Inhalte, die vom Sprecher als Geschichte verpackt werden, besonders gut im Gehirn des Rezipienten verankern (Schulenburg, 2018, S. 269; Thier, 2017, S. 3). Von Vorteil sind Geschichten in diesem Zusammenhang vor allem dann, wenn wenige wichtige Informationen vermittelt werden sollen. Geht es darum, möglichst viele Informationen weiterzugeben, ist Storytelling weniger geeignet (Schulenburg, 2018, S. 274).

Durch Geschichten kann Wissen nicht nur besser und leichter weitergegeben werden, sondern Zuhörer auch leichter von neuen Ideen überzeugt werden (Thier, 2017, S. 3). Da es bei Präsentationen genauso wie im Marketing häufig um das Überzeugen der Zuhörer geht, ist auch hier Storytelling äußerst wirksam.

Schulenburg (2018, S. 282) beschreibt das Storytelling als „die Königsdisziplin des Präsentierens".

Für erfolgreiches Storytelling muss neben den hervorzurufenden Emotionen auch der Aufbau der Geschichte und insbesondere deren Pointe im Sinne des beabsichtigten Lerneffekts ermittelt werden (Schulenburg, 2018, S. 271–273). Lernen anhand von Geschichten erfolgt dabei durch Beobachtungslernen, indem sich der Zuhörer in die Protagonisten hineinversetzt (Arenberg, 2015, S. 77). Die stellvertretenden Erfahrungen, die durch das Miterleben der Geschichte als Zuhörer gemacht werden, erweitern den eigenen Erfahrungsschatz und haben darüber hinaus Auswirkungen auf die neuronale Vernetzung des Gehirns (Adamczyk, 2019, S. 20). Storytelling ermöglicht somit umfassendes Lernen.

Auf die Frage, warum Storytelling funktioniert, liefern auch Stephens, Silbert und Hasson (2010) wichtige Hinweise. Sie konnten zeigen, dass die Gehirnaktivitäten von Sprecher und Zuhörer beim Erzählen einer Geschichte zeitlich gekoppelt sind. Die Gehirnaktivität des Zuhörers beim Verstehen der Geschichte spiegelt demnach die Gehirnaktivität des Sprechers beim Erzählen zeitlich verzögert wider. Die Verzögerung entsteht dabei durch die erst nach dem Aussprechen mögliche Aufnahme und Verarbeitung der Information. In manchen Fällen zeigen Zuhörer zudem bereits antizipierende Reaktionen (Stephens et al., 2010, S. 14426–14428). Storytelling funktioniert folglich deshalb so gut, weil Zuhörer zum einen bereits beim Erzählen versuchen, die Geschichte zu verstehen und zum anderen viele verschiedene Gehirnareale angesprochen werden, was wiederum dazu führt, dass Menschen sich Geschichten besser merken können (Arenberg, 2015, S. 77).

Argumentationstechnik

Eine der größten Herausforderungen bei der Vorbereitung einer Präsentation ist die Strukturierung der Gedanken. Denn nur wenn die Zuhörer der Argumentation folgen können, können die Inhalte erfolgreich vermittelt werden (Schulenburg, 2018, S. 201). Damit dies gelingt, muss eine Präsentation komplexe Aussagen bzw. Sachverhalte für den Zuhörer leicht verständlich vermitteln (Schoof &

Binder, 2017, S. 36–37). Dies ist besonders wichtig vor dem Hintergrund der beschränkten Informationsaufnahmefähigkeit des menschlichen Gedächtnisses. Der Psychologe George A. Miller konnte in diesem Zusammenhang bereits 1956 zeigen, dass das Kurzzeitgedächtnis nicht mehr als 7 plus/minus 2 Informationseinheiten parallel verarbeiten kann (Gruber, 2018, S. 23). Werden mehr Informationen dargeboten als vom Zuhörer aufgenommen werden können, filtert das Gehirn die wesentlichen Aspekte heraus (Schoof & Binder, 2017, S. 35).

Um zu verhindern, dass die Kernbotschaft der Präsentation diesem Filter zum Opfer fällt, sollte diese nach Möglichkeit direkt am Anfang stehen. Denn nur dann wird die Aufmerksamkeit des Zuhörers, die zu Beginn einer Präsentation am höchsten ist, optimal genutzt (Schoof & Binder, 2017, S. 83–84). Entscheidend ist zudem eine logische Struktur, durch die Komplexität wirkungsvoll reduziert werden kann (Kochs, 2018, S. 59). Aufbauend auf diesen Erkenntnissen erweist sich ein pyramidaler Aufbau von Präsentationen als besonders erfolgsversprechend (Arenberg, 2015, S. 79; Schoof & Binder, 2017, S. 51). Dabei beginnt die Präsentation mit der Kernbotschaft als wichtigste Aussage, während erklärende Details erst auf den späteren Ebenen der Pyramide folgen (Kochs, 2018, S. 11).

Entwickelt wurde das pyramidale Prinzip bereits Anfang der 70er Jahre von der ehemaligen McKinsey-Beraterin Barbara Minto (Kochs, 2018, S. 10). Es zeichnet sich durch die Gliederung der Argumentation in vertikale und horizontale Strukturen aus. An der Spitze der Pyramide steht die zentrale Botschaft, die dem Zuhörer mit der Präsentation vermittelt werden soll. Im Sinne der vertikalen Struktur folgen auf den weiteren Ebenen zunehmend detailliertere Inhalte in Form von Teilaussagen, die die Kernaussage mit Argumenten untermauern. Die horizontale Struktur schafft eine schlüssige, d.h. inhaltlich begründete Beziehung der Teilaussagen untereinander (Schoof & Binder, 2017, S. 51–52). Damit steht das pyramidale Prinzip im Gegensatz zum klassischen Trichtermodell, bei dem es um die schrittweise Herleitung von Ergebnissen geht. Ausgehend von vielen Details werden die Informationen und Argumente logisch so verdichtet, dass sie zur Kernaussage hinführen. Diese folgt damit erst am Ende, was seitens des Zuhörers ein hohes Maß an Konzentration erfordert. Er muss konsequent mitdenken, um der Argumentation folgen zu können. Kurz gesagt steht bei der Pyramidenstruktur das Ergebnis im Vordergrund, beim Trichtermodell dagegen der Prozess (Kochs, 2018, S. 11–12). Erstere hat dabei den großen Vorteil, dass der Zuhörer auch komplexe Inhalte logisch nachvollziehen und so der Argumentation leichter folgen kann (Schoof & Binder, 2017, S. 72). Gleichzeitig hilft die pyramidale Struktur dem Präsentator klare Aussagen zu treffen, logische Strukturen zu entwickeln und alle Aussagen systematisch zu begründen (Arenberg, 2015, S. 79).

Innerhalb der Pyramide können Informationen und Argumente die Kernaussage auf zwei Arten untermauern, als logische Gruppe oder logische Kette. Die logische Gruppe konkretisiert die Kernaussage mit Hilfe mehrerer Teilaussagen. Durch die damit einhergehende Untergliederung komplexer Informationen in leichter verständliche Teilinformationen erlangt der Zuhörer ein klareres Verständnis der Kernaussage. Die logische Gruppe ist dabei besonders geeignet, wenn der Präsentator von einer positiven oder zumindest neutralen Reaktion der Zuhörer auf die Kernaussage ausgeht. Erwartet der Präsentator eine skeptische oder sogar ablehnende Einstellung der Zuhörer gegenüber der Kernaussage, empfiehlt sich die Anwendung des Prinzips der logischen Kette. Die Kernaussage wird hierbei mittels drei logisch miteinander verknüpfter Teilaussagen begründet. Hierzu werden zwei Teilaussagen so miteinander verknüpft, dass daraus eine logische Schlussfolgerung folgt, die inhaltlich wiederum der Kernaussage entspricht. Durch die logische Begründung kann der Zuhörer die Kernaussage besser nachvollziehen (Schoof & Binder, 2017, S. 52–54). Im Idealfall können die Zuhörer durch die konsequente Argumentation mit Hilfe der logischen Kette von der Kernaussage überzeugt werden, obwohl sie anfangs skeptisch eingestellt waren (Kochs, 2018, S. 73). Analog zur Kernaussage kann auch jede Teilaussage auf den Ebenen darunter durch eine logische Gruppe oder logische Kette konkretisiert bzw. begründet werden (Schoof & Binder, 2017, S. 55). Kochs (2018, S. 60) empfiehlt dabei, nicht mehr als fünf Ebenen für die Argumentation zu verwenden, da alles darüber hinaus für die meisten Zuhörer aufgrund der beschränkten Informationsaufnahmefähigkeit zu komplex ist.

Bei der Erstellung einer Präsentation dient das Prinzip der Pyramide zunächst der gedanklichen Strukturierung. Erst wenn die Gedanken entsprechend pyramidal strukturiert sind, werden diese in eine Präsentation mit z.B. PowerPoint überführt (Schulenburg, 2018, S. 205). Die erste Folie enthält dabei die Kernbotschaft, während die Schlüsselaussagen, die auf der zweiten Ebene der Pyramide folgen, das Inhaltsverzeichnis ergeben. Jedes Kapitel wird mit einer Übersichtsfolie eingeleitet, auf der die im Folgenden zu untermauernde Teilaussage mit den dazugehörigen Argumenten dargestellt wird. Auf den nachfolgenden Folien werden diese Argumente, die nichts anderes darstellen als die Botschaften der nächst niedrigeren Ebene der Pyramide, inhaltlich ausgeführt (Kochs, 2018, S. 114–115; Schoof & Binder, 2017, S. 57–60). So wird Zweig für Zweig entsprechend der logischen Struktur der Pyramide vorgegangen (Kochs, 2018, S. 101). Um die Übersichtlichkeit zu erhöhen, bietet sich bei einer starken Vertiefung der Übersichtsfolie die Verwendung eines Navigators auf den dazugehörigen Folien an. Dieser spiegelt die Struktur der Übersichtsfolie wieder, wobei der gerade vertiefte Aspekt z.B. farblich hervorgehoben ist. Das wiederum erleichtert das Verständnis der Argumentationsstruktur durch den Zuhörer (Schoof & Binder, 2017, S. 60).

3 Prokrastination

„Was du heute kannst besorgen, das verschiebe nicht auf morgen." Dieses bekannte Sprichwort deutet implizit bereits das Problem der Prokrastination an (Diller, 2017, S. 117). Menschen neigen demnach dazu, unangenehme Tätigkeiten zu vermeiden und sich stattdessen angenehmeren Aufgaben zuzuwenden. Es handelt sich dabei um eine allgemeine Verhaltenstendenz, „das zu tun, was kurzfristig belohnend wirkt oder (…) dabei hilft, unangenehme Gefühle wie Unlust, Langeweile oder Angst zu vermeiden." (Höcker, Engberding & Rist, 2021, S. 11).

Theoretische Grundlagen

Das Wort „procrastinare" kommt aus dem Lateinischen und bedeutet nichts anderes, als „eine Sache auf morgen verschieben". Im Gegensatz zum gelegent-lichen Aufschieben von Aufgaben oder dem strategisch durchdachten Aufschub einer Tätigkeit handelt es sich bei Prokrastination um eine problematische Selbststeuerungsstörung im Sinne eines chronischen Aufschiebens anstehender Aufgaben auf einen späteren Zeitpunkt. Prokrastination erfolgt dabei trotz ausreichend zur Verfügung stehender Zeit und obwohl sich die Person der langfristig negativen Folgen bewusst ist. Diese können sich in einer andauernden Unzufriedenheit, erhöhtem Stress bei der Aufgabenerledigung aufgrund der zunehmenden Zeitknappheit, Misserfolgen und damit zusammenhängenden Selbstvorwürfen bis hin zu beruflichen Problemen äußern (Engberding, Höcker & Rist, 2017, S. 417). Das psychische Wohlbefinden wird durch Prokrastination somit erheblich beeinträchtigt, genauso wie das Erreichen gesetzter Ziele (Höcker et al., 2021, S. 12).

Behandlungsbedürftig wird Prokrastination gemäß Höcker, Engberding und Rist (2017, S. 9) dann, wenn das Aufschieben wichtiger Aufgaben zur Gewohnheit wird und trotz bereits eingetretener negativer Konsequenzen fortgeführt wird. Mögliche Folgen sind dabei zum einen objektive Leistungseinbußen wie schlechtere Noten, längere Ausbildungszeiten oder nicht erreichte Schul-, Ausbildungs- oder Studienabschlüsse. Zum anderen führt Prokrastination durch das Nicht-Erbringen versprochener Leistungen zu einer zunehmenden Belastung zwischenmenschlicher Beziehungen. Zusätzlich wird das Wohlbefinden der betroffenen Person erheblich beeinträchtigt, was sich durch erhöhtes Stresserleben, Schlafstörungen, ein vermindertes Selbstwertgefühl oder Depressionen äußern kann. Poetzsch (2018, S. 114–115) weist in diesem Zusammenhang darauf hin, dass Prokrastination jedoch nicht nur die Ursache für psychische Krankheiten wie Depressionen sein kann, sondern auch deren Folge.

Aus Sicht der Motivationspsychologie entsteht Prokrastination durch das Fehlen von Willenskraft, wodurch die vorhandene Handlungsabsicht nicht mehr zu einer tatsächlichen Handlung führt (Diller, 2017, S. 118). Prokrastination sollte jedoch nicht als Zeichen für Faulheit oder mangelnde Selbstdisziplin missverstanden werden. Dies wird besonders deutlich vor dem Hintergrund, dass auch Perfektionisten häufig prokrastinierendes Verhalten zeigen (Folz, 2020, S. 29). Auch bei Versagensängsten, d.h. wenn Personen Angst haben, ihre Arbeit wäre nicht gut genug, besteht eine erhöhte Neigung zu Prokrastination (Höcker et al., 2021, S. 25). Andere Menschen prokrastinieren, weil ihnen die Arbeit zu langweilig, zu anstrengend oder überfordernd erscheint. Allen Gründen gemeinsam ist, dass etwas Unangenehmes kurzfristig vermieden werden soll, indem es aufgeschoben wird (Höcker et al., 2021, S. 30).

Kurzfristig führt das Aufschieben dabei zu einer doppelten Belohnung. Zum einen werden negative Gefühle, die mit dem Erledigen der anstehenden Aufgabe verbunden sind, eliminiert. Zum anderen entstehen durch die als positiv oder zumindest vergleichsweise angenehmer erlebten Ersatztätigkeiten positive Gefühle (Höcker et al., 2021, S. 33). Es handelt sich bei Prokrastination somit um ein erlerntes Verhalten, das durch Belohnung verstärkt wird (Poetzsch, 2018, S. 114). Die langfristig negativen Folgen sind zum Zeitpunkt des Aufschiebens noch zu weit entfernt, als dass sie bereits verhaltenssteuernd wirken. Um trotzdem nicht aufzuschieben, bedarf es einer adäquaten Selbststeuerung (Höcker et al., 2021, S. 28). Dieser voran geht eine ehrliche Selbstreflexion, im Rahmen derer prokrastinationsfördernde Gedanken identifiziert und bewusst gemacht werden. Dies können Gefühle wie Angst, Scham oder Resignation sein, die Prokrastination ebenso bedingen wie fehlende Motivation (Höcker et al., 2021, S. 74).

Empirische Befunde

Die Auswirkungen von Prokrastination wurden bereits in zahlreichen Studien untersucht. Demnach hat Prokrastination sowohl negative Auswirkungen auf die physische und psychische Gesundheit der betroffenen Person als auch auf deren finanzielle Lage, wenn z.B. die Abgabe der Steuererklärung aufgeschoben wird. Studien zur sozialen Wahrnehmung von Personen, die zu Prokrastination neigen, zeigten außerdem, dass diese von ihrem Umfeld häufig negativ wahrgenommen werden. Dies wird mitunter darauf zurückgeführt, dass Prokrastinierer bei gemeinsamen Aufgaben weniger eigene Leistungen einbringen. Es konnten darüber hinaus Zusammenhänge zwischen Prokrastination und Perfektionismus, einer geringeren Gewissenhaftigkeit, einem niedrigeren Selbstwertgefühl sowie erhöhten Neurotizismuswerten gefunden werden (Diller, 2017, S. 118).

Prokrastination kann in allen Lebensbereichen auftreten, egal ob es um das Bezahlen von Rechnungen, den Hausputz, das Erstellen der Steuererklärung oder das Lernen für eine Prüfung geht (Höcker et al., 2021, S. 11). Besonders verbreitet ist das Phänomen jedoch unter Studierenden. Sie neigen auffallend häufig dazu, leistungsrelevante Aufgaben wie das Lernen auf Prüfungen oder das Schreiben von Hausarbeiten aufzuschieben, obwohl dies zu negativen Folgen wie erhöhtem Stresserleben und schlechteren Leistungen führt (Lohbeck, Hagenauer, Mühlig, Moschner & Gläser-Zikuda, 2017, S. 522).

Tice und Baumeister (1997) untersuchten die Unterschiede zwischen prokrastinierenden und nicht-prokrastinierenden Studierenden hinsichtlich gesundheitlicher Aspekte und erbrachter Studienleistungen. Sie konnten zeigen, dass Prokrastinierer in allen Prüfungen signifikant schlechtere Noten erhielten als Nicht-Prokrastinierer. Zu Beginn des Semesters berichteten die prokrastinieren-den Studierenden über weniger Stress und weniger Erkrankungen als die nicht-prokrastinierenden Studierenden, wohingegen diese am Ende des Semesters über mehr Stress und mehr Erkrankungen berichteten. Die Autoren folgern daraus, dass es sich bei Prokrastination um ein selbstzerstörerisches Verhaltens-muster handelt, das kurzfristig zu Vorteilen, langfristig aber zu Nachteilen führt. Prokrastinierer erleben demnach weniger Stress, solange Prüfungs- oder

Abgabetermine in weiter Ferne liegen, aber mehr Stress und gesundheitliche Beeinträchtigungen, wenn die Termine unmittelbar bevorstehen (Tice & Baumeister, 1997, S. 455–456).

Sirois, Melia-Gordon und Pychyl (2003) konnten ebenfalls zeigen, dass Prokrastination bei Studierenden zu erhöhtem Stresserleben führt. Zudem zeigten diese weniger gesundheitsbewusstes Verhalten, was sich unter anderem an einer weniger gesunden Ernährung sowie einer geringeren physischen Aktivität feststellen ließ. Prokrastination war darüber hinaus mit mehr Gesundheitsproblemen verbunden. Gleichzeitig tendierten prokrastinierende Studierende dazu, die erforderliche Behandlung von gesundheitlichen Problemen hinauszuzögern, d.h. sie holten sich weniger schnell ärztliche Hilfe. Die Ergebnisse der Studie deuten darauf hin, dass Prokrastination insgesamt zu einem weniger gesundheitsbewussten Verhalten führt und der durch Pro-krastination entstehende Stress gleichzeitig eine Verschlechterung des allgemeinen Gesundheitszustands des Individuums zur Folge hat (Sirois et al., 2003, S. 1176).

Lösungsansätze zu Prokrastination im Fernstudium

„Eine der wohl größten Herausforderungen für Studierende ist es, Verantwortung für die eigene Zeiteinteilung zu übernehmen." (Koch, 2020, S. 8). Es verwundert daher nicht, dass Prokrastination unter Studierenden besonders verbreitet ist. Im Gegensatz zum Lernen in der Schule erfordert ein Studium ein hohes Maß an Selbstständigkeit sowohl hinsichtlich einer guten Selbstorganisation als auch einer erfolgreichen Selbststeuerung (Engberding et al., 2017, S. 418). Da bei einem Fernstudium im Gegensatz zum Präsenzstudium zusätzlich feste Vor-lesungszeiten und Abgabetermine für einzureichende Arbeiten fehlen, ist eine noch höhere Selbstdisziplin erforderlich, um das Studium erfolgreich abzu-schließen. Die Gefahr der Prokrastination erscheint noch höher.

Wichtige Voraussetzungen für das Überwinden prokrastinierenden Verhaltens sind die Festlegung eines Ziels sowie eines konkreten Plans, wie dieses erreicht werden soll (Engberding et al., 2017, S. 419). Dabei empfiehlt es sich, die

Aufgabe in einzelne Teilaufgaben zu unterteilen und daraus Teilziele zu entwickeln. Diese lassen sich schneller erreichen und führen somit schneller zu Erfolgserlebnissen. Beim Schreiben einer Hausarbeit können mögliche Teilziele z.B. die Literaturrecherche, die Erstellung der Gliederung sowie anschließend das Schreiben einzelner Kapitel sein (Koch, 2020, S. 37). Hilfreich kann in diesem Zusammenhang die Erstellung täglicher Aufgabenlisten sein. Die einzelnen Teilaufgaben sollten dabei möglichst präzise formuliert sein (Folz, 2020, S. 32). Wichtig ist darüber hinaus eine realistische Planung mit ausreichend Pufferzeiten für unvorhersehbare Zwischenfälle. Höcker et al. (2021, S. 86) empfehlen, sich lediglich 50% des Pensums vorzunehmen, welches man im ersten Moment hätte planen wollen. Eine konkrete und realistische Planung führt dabei nicht nur mit höherer Wahrscheinlichkeit zu einer Handlungsausführung, sondern schützt gleichzeitig vor Misserfolgen und Frustration, die entstehen, wenn das gesetzte Ziel nicht erreicht wird (Höcker et al., 2021, S. 82–83). Für Fernstudierende, die häufig noch Voll- oder Teilzeit arbeiten, erscheinen ausreichend Pufferzeiten besonders wichtig. Ansonsten stellt sich schnell ein Gefühl der Unzufriedenheit oder Überforderung ein, wenn z.B. aufgrund eines ungeplant längeren Arbeitstages weniger Zeit zum Lernen bleibt als geplant. Gleichzeitig hilft es, sich zunächst auf ein einziges Ziel zu konzentrieren, wie z.B. das Lernen auf eine einzelne Prüfung (Poetzsch, 2018, S. 117). Fernstudierende können sich so die freie Zeiteinteilung des Fernstudiums zunutze machen, indem sie ein Modul nach dem anderen bearbeiten und nicht mehrere gleichzeitig.

Da Prokrastination viel mit Selbstregulation zu tun hat, stellt die Selbstbeobachtung einen zentralen Lösungsansatz zur Überwindung des aufschiebenden Verhaltens dar. Hierzu empfiehlt sich das Führen eines Arbeitstagebuchs, in dem täglich die geplante und tatsächliche Startzeit sowie die Dauer der Arbeitseinheit festgehalten werden (Engberding et al., 2017, S. 420). Um Tätigkeiten zu identifizieren, die möglicherweise nur verrichtet wurden, um wichtigere Aufgaben aufzuschieben, empfiehlt Koch (2020, S. 37–38) zudem vorab zu notieren, was man an einem Tag machen bzw. erledigen möchte und am Abend zu notieren, was man tatsächlich gemacht hat. Selbstbeobachtung ist deshalb so wichtig, da sie einen erheblichen Einfluss auf Verhaltensänderungen hat. Allein die bewusste Beobachtung des eigenen Verhaltens kann bereits zu einer Reduzierung prokrastinierenden Verhaltens führen (Höcker et al., 2021, S. 60). Erkennt der Fernstudierende, dass er häufig ausweichenden Tätigkeiten wie dem Aufräumen der Wohnung oder dem ungezielten Surfen im Internet nachgeht, anstatt sich auf die eigentliche Aufgabe, dem Schreiben der Hausarbeit zu konzentrieren, ist das bereits der erste Schritt in Richtung Verhaltensänderung.

Selbstbeobachtung hilft auch im Umgang mit Störungen. Um äußere Ablenkungen zu minimieren helfen häufig bereits einfache Tricks wie das Schließen des E-Mail-Programms, das Stummschalten und Beiseitelegen des Handys, am besten in einen anderen Raum, oder die Absprache von störungsfreien Zeiten mit den Mitbewohnern. Sind innere Ablenkungen der Grund für das Aufschieben bzw. Unterbrechen wichtiger Aufgaben, so können To-do-Listen helfen. Andere Aufgaben, die der Person während dem Schreiben oder Lernen einfallen, werden dort notiert. So werden diese nicht vergessen, lenken aber die Konzentration nicht weg von der eigentlichen Arbeit (Folz, 2020, S. 25–27).

Genauso wichtig wie das Festlegen von Arbeitszeiten ist das Einlegen von Pausen (Poetzsch, 2018, S. 117). Auch Fydrich (2009, S. 324) betont neben der Verbesserung des Zeitmanagements und der Reduktion von Ablenkungen die hohe Bedeutung des Ausgleichs zwischen Arbeit und anderen Lebensbereichen. Damit zusammenhängend erscheint es bei einer Tendenz zu prokrastinierendem Verhalten besonders wichtig zu sein, sich für Arbeitsfortschritte zu belohnen. Wenn ein Zwischenziel erreicht ist, sollte eine angenehme Tätigkeit als Belohnung folgen (Folz, 2020, S. 47). Die Belohnung dient dabei als positive Verstärkung des eigenen Verhaltens. Dies wiederum führt dazu, dass die Arbeit mit der Zeit zunehmend positiv besetzt wird (Koch, 2020, S. 39). Wichtig ist dabei, dass die Belohnung tatsächlich an die Zielerreichung gekoppelt ist. Andernfalls wirkt die Selbstverstärkung nicht und die erwartete Belohnung hat keinen motivierenden Effekt (Höcker et al., 2021, S. 78). Der Fernstudierende kann sich z.B. damit belohnen, dass er zum Sport geht, sich mit Freunden trifft oder einen Film anschaut, wenn er das geplante Kapitel für die Hausarbeit geschrieben hat.

Wichtig ist darüber hinaus die Fähigkeit zu Motivations- und Emotionskontrolle, d.h. sich in die passende innere Bereitschaft zur Ausführung der Tätigkeit zu versetzen (Engberding et al., 2017, S. 420). Es sollte ein möglichst positives Verhältnis zur Arbeit bzw. zu erledigenden Aufgabe aufgebaut werden, indem man sich beispielsweise vorstellt, wie stolz und erleichtert man im Nachhinein über das erreichte Zwischenziel sein wird (Folz, 2020, S. 32). Schafft es der Fernstudierende trotz anstrengendem Arbeitstag noch einige Absätze oder Seiten für die Hausarbeit zu schreiben, wird er abends mit dem guten Gefühl zu Bett gehen, noch etwas für sein Studium geschafft zu haben.

Studierende, die zu Perfektionismus neigen, sollten sich beim Schreiben einer schriftlichen Arbeit immer wieder bewusst machen, dass der erste Entwurf noch nicht perfekt sein muss. Erst wenn dieser abgeschlossen ist, erfolgt der Feinschliff, indem z.B. nicht optimale Formulierungen nochmals überarbeitet werden. Bei Selbstzweifeln, dass die gesetzte Aufgabe zu umfangreich ist, hilft es zum einen wie bereits erwähnt, sich kleine Etappenziele zu setzen und diese konsequent zu verfolgen. Zum anderen erweist es sich als hilfreich, sich konkrete Argumente zu notieren, warum man die Aufgabe auf jeden Fall schaffen wird. So lässt sich eine durch gefühlte Überforderung entstehende Lähmung wirksam überwinden (Folz, 2020, S. 33–37). Dies erscheint gerade bei Fernstudierenden, die durch die Mehrfachbelastung aus Beruf, Studium, Familie und sonstigen Verpflichtungen möglicherweise allein des Zeitfaktors wegen Bedenken haben, ob sie die Prüfung schaffen werden, besonders relevant.

Literaturverzeichnis

Adamczyk, G. (2019). *Storytelling. Mit Geschichten überzeugen* (3. Auflage). Freiburg: Haufe-Lexware GmbH & Co. KG.

Arenberg, P. (2015). *Kreativitäts- und Präsentationstechniken* (Studienbrief der SRH Fernhochschule, 4. Auflage). Riedlingen.

Arenberg, P. (2018). *Selbst- und Zeitmanagement* (Studienbrief der SRH Fernhochschule, 1. Auflage). Riedlingen.

Blickle, G. (2019). Berufswahl und berufliche Entwicklung. In F. W. Nerdinger, G. Blickle & N. Schaper (Hrsg.), *Arbeits- und Organisationspsychologie* (Springer-Lehrbuch, 4., vollständig überarbeitete Auflage, S. 209–234). Berlin: Springer. https://doi.org/10.1007/978-3-662-56666-4_14

Brandstätter, V., Schüler, J., Puca, R. M. & Lozo, L. (2018). *Motivation und Emotion. Allgemeine Psychologie für Bachelor* (Springer-Lehrbuch, 2. Auflage). Berlin, Heidelberg: Springer. https://doi.org/10.1007/978-3-662-56685-5

Diller, T. A. (2017). Was du heute kannst besorgen, das verschiebe nicht auf morgen. In D. Frey (Hrsg.), *Psychologie der Sprichwörter. Weiß die Wissenschaft mehr als Oma?* (S. 117–124). Berlin, Heidelberg: Springer. https://doi.org/10.1007/978-3-662-50381-2_14

Engberding, M., Höcker, A. & Rist, F. (2017). Prokrastination. *Psychotherapeut, 62*(5), 417–421. https://doi.org/10.1007/s00278-017-0219-3

Folz, K. (2020). *Zeitmanagement bei der Abschlussarbeit. Perfektes Timing für die Bachelor- und Masterthesis* (essentials). Wiesbaden: Springer Gabler. https://doi.org/10.1007/978-3-658-28980-5

Fordon, A. (2018). *Die Storytelling-Methode. Schritt für Schritt zu einer überzeugenden, authentischen und nachhaltigen Marketing-Kommunikation.* Wiesbaden: Springer Gabler. https://doi.org/10.1007/978-3-658-18810-8

Fydrich, T. (2009). Arbeitsstörungen und Prokrastination. *Psychotherapeut, 54*(5), 318–325. https://doi.org/10.1007/s00278-009-0696-0

Graf, A. (2012). Baustein Ziele. In A. Graf (Hrsg.), *Selbstmanagement-Kompetenz in Unternehmen nachhaltig sichern. Leistung, Wohlbefinden und Balance als Herausforderung* (uniscope. Publikationen der SGO Stiftung, S. 187–210). Wiesbaden: Springer Gabler. https://doi.org/10.1007/978-3-8349-7150-0_8

Graf, A. (2018). 23 Selbstmanagement-Kompetenz in Unternehmen nachhaltig sichern – Leistung, Wohlbefinden und Balance als Herausforderung. In M. Sulzberger & R. J. Zaugg (Hrsg.), *ManagementWissen. Was Leader Erfolgreich Macht* (uniscope. Publikationen der SGO Stiftung, S. 255–267). Wiesbaden: Springer Gabler. https://doi.org/10.1007/978-3-658-18778-1_23

Gruber, T. (2018). *Gedächtnis* (Basiswissen Psychologie, 2., überarbeitete Auflage). Berlin, Heidelberg: Springer. https://doi.org/10.1007/978-3-662-56362-5

Hardering, F., Will-Zocholl, M. & Hofmeister, H. (2016). Sinn der Arbeit und sinnvolle Arbeit: Zur Einführung. *Arbeit, 24*(1-2), 3–12. https://doi.org/10.1515/arbeit-2016-0002

Hartmann, M., Funk, R. & Nietmann, H. (2018). *Präsentieren. Präsentationen: zielgerichtet, adressatenorientiert, nachhaltig* (10., überarbeitete Auflage). Weinheim: Beltz.

Höcker, A., Engberding, M. & Rist, F. (2017). *Prokrastination. Ein Manual zur Behandlung des pathologischen Aufschiebens* (Therapeutische Praxis, Bd. 70, 2., aktualisierte und ergänzte Auflage). Göttingen: Hogrefe.

Höcker, A., Engberding, M. & Rist, F. (2021). *Heute fange ich wirklich an! Prokrastination und Aufschieben überwinden - ein Ratgeber* (2., unveränderte Auflage). Göttingen: Hogrefe.

Höge, T. & Schnell, T. (2012). Kein Arbeitsengagement ohne Sinnerfüllung. Eine Studie zum Zusammenhang von Work Engagement, Sinnerfüllung und Tätigkeitsmerkmalen. *Wirtschaftspsychologie*, (1), 91–99.

Jahoda, M. (1981). Work, employment, and unemployment: Values, theories, and approaches in social research. *American Psychologist, 36*(2), 184–191. https://doi.org/10.1037/0003-066X.36.2.184

Kanfer, F. H., Reinecker, H. & Schmelzer, D. (2012). *Selbstmanagement-Therapie. Ein Lehrbuch für die klinische Praxis* (5., korrigierte und durchgesehene Auflage). Berlin, Heidelberg: Springer. https://doi.org/10.1007/978-3-642-19366-8

Koch, G. (2020). *Studieren mit Köpfchen. Clever lernen, entspannt planen, leichter punkten* (UTB, Bd. 4316, 2., aktualisierte und überarbeitete Auflage). Paderborn: Ferdinand Schöningh.

Kochs, J. (2018). *Pyramidales Strukturieren und Visualisieren. Präsentationen auf den Punkt bringen* (1. Auflage). Weinheim: Beltz.

Koestner, R., Lekes, N., Powers, T. A. & Chicoine, E. (2002). Attaining personal goals: Self-concordance plus implementation intentions equals success. *Journal of Personality and Social Psychology, 83*(1), 231–244. https://doi.org/10.1037/0022-3514.83.1.231

Lohaus, D. & Habermann, W. (2018). *Präsentismus. Krank zur Arbeit – Ursachen, Folgen, Kosten und Maßnahmen.* Berlin: Springer. https://doi.org/10.1007/978-3-662-55701-3

Lohbeck, A., Hagenauer, G., Mühlig, A., Moschner, B. & Gläser-Zikuda, M. (2017). Prokrastination bei Studierenden des Lehramts und der Erziehungswissenschaften. *Zeitschrift für Erziehungswissenschaft, 20*, 521–536. https://doi.org/10.1007/s11618-016-0718-y

Nerdinger, F. W. (2019). Interaktion und Kommunikation. In F. W. Nerdinger, G. Blickle & N. Schaper (Hrsg.), *Arbeits- und Organisationspsychologie* (Springer-Lehrbuch, 4., vollständig überarbeitete Auflage, S. 63–80). Berlin: Springer. https://doi.org/10.1007/978-3-662-56666-4_5

Pangert, B., Pauls, N. & Schüpbach, H. (2016). *Die Auswirkungen arbeitsbezogener erweiterter Erreichbarkeit auf Life-Domain-Balance und Gesundheit. Forschung Projekt F 2353* (2., vollständig überarbeitete und ergänzte Auflage). Dortmund: Bundesanstalt für Arbeitsschutz und Arbeitsmedizin.

Paul, K. I. & Batinic, B. (2010). The need for work: Jahoda's latent functions of employment in a representative sample of the German population. *Journal of Organizational Behavior, 31*(1), 45–64. https://doi.org/10.1002/job.622

Paul, K. I. & Moser, K. (2015). Arbeitslosigkeit. In K. Moser (Hrsg.), *Wirtschaftspsychologie* (Springer-Lehrbuch, 2., vollständig überarbeitete und aktualisierte Auflage, S. 263–281). Berlin: Springer. https://doi.org/10.1007/978-3-662-43576-2_15

Poetzsch, M. C. (2018). *Entscheidungen. Alles falsch machen - aber richtig* (1. Auflage). Berlin, Heidelberg: Springer. https://doi.org/10.1007/978-3-662-57586-4

Rump, J. & Eilers, S. (2017a). Arbeit 4.0 – Leben und Arbeiten unter neuen Vorzeichen. In J. Rump & S. Eilers (Hrsg.), *Auf dem Weg zur Arbeit 4.0. Innovationen in HR* (IBE-Reihe, S. 3–77). Berlin, Heidelberg: Springer Gabler. https://doi.org/10.1007/978-3-662-49746-3_1

26

Rump, J. & Eilers, S. (2017b). Trends und Entwicklungen im Kontext von New Work. In W. Jochmann, I. Böckenholt & S. Diestel (Hrsg.), *HR-Exzellenz. Innovative Ansätze in Leadership und Transformation* (S. 187–201). Wiesbaden: Springer Gabler. https://doi.org/10.1007/978-3-658-14725-9_11

Sammer, P. (2017). *Storytelling. Strategien und Best Practices für PR und Marketing* (O'Reillys Basics, 2. Auflage). Heidelberg: O'Reilly.

Schermuly, C. C. (2019). *New Work - Gute Arbeit gestalten. Psychologisches Empowerment von Mitarbeitern* (2. Auflage). Freiburg: Haufe Group.

Scheve, C. von, Esche, F. & Schupp, J. (2017). The Emotional Timeline of Unemployment: Anticipation, Reaction, and Adaptation. *Journal of Happiness Studies, 18*(4), 1231–1254. https://doi.org/10.1007/s10902-016-9773-6

Schoof, A. & Binder, K. (2017). *Auf den Punkt: Präsentationen pyramidal strukturieren. Erfolgreicher kommunizieren mit klaren Botschaften und ergebnisorientierter Struktur* (2., überarbeitete Auflage). Wiesbaden: Springer Gabler. https://doi.org/10.1007/978-3-658-17490-3

Schulenburg, N. (2018). *Exzellent präsentieren. Die Psychologie erfolgreicher Ideenvermittlung - Werkzeuge und Techniken für herausragende Präsentationen*. Wiesbaden: Springer Gabler. https://doi.org/10.1007/978-3-658-12303-1

Sirois, F. M., Melia-Gordon, M. L. & Pychyl, T. A. (2003). "I'll look after my health, later": an investigation of procrastination and health. *Personality and Individual Differences, 35*(5), 1167–1184. https://doi.org/10.1016/S0191-8869(02)00326-4

Stephens, G. J., Silbert, L. J. & Hasson, U. (2010). Speaker-listener neural coupling underlies successful communication. *Proceedings of the National Academy of Sciences, 107*(32), 14425–14430. https://doi.org/10.1073/pnas.1008662107

Storch, M. (2011). Motto-Ziele, S.M.A.R.T.-Ziele und Motivation. In B. Birgmeier (Hrsg.), *Coachingwissen* (2., aktualisierte und erweiterte Auflage, S. 185–207). Wiesbaden: VS Verlag für Sozialwissenschaften. https://doi.org/10.1007/978-3-531-93039-8_12

Strobel, H. (2019). *Erreichbarkeit im Arbeitsleben. Aushandlungsprozesse in der Automobilindustrie*. Wiesbaden: Springer VS. https://doi.org/10.1007/978-3-658-23979-4

Thier, K. (2017). *Storytelling. Eine Methode für das Change-, Marken-, Projekt- und Wissensmanagement* (3., überarbeitete Auflage). Berlin, Heidelberg: Springer. https://doi.org/10.1007/978-3-662-49206-2

Tice, D. M. & Baumeister, R. F. (1997). Longitudinal Study of Procrastination, Performance, Stress, and Health: The Costs and Benefits of Dawdling. *Psychological Science, 8*(6), 454–458. https://doi.org/10.1111/j.1467-9280.1997.tb00460.x

Wiese, B. S. (2015). Work-Life-Balance. In K. Moser (Hrsg.), *Wirtschaftspsychologie* (Springer-Lehrbuch, 2., vollständig überarbeitete und aktualisierte Auflage, S. 227–244). Berlin: Springer. https://doi.org/10.1007/978-3-662-43576-2_13

BEI GRIN MACHT SICH IHR
WISSEN BEZAHLT

- Wir veröffentlichen Ihre Hausarbeit,
  Bachelor- und Masterarbeit

- Ihr eigenes eBook und Buch -
  weltweit in allen wichtigen Shops

- Verdienen Sie an jedem Verkauf

Jetzt bei www.GRIN.com hochladen und kostenlos publizieren